INTRO

Deutsch als Zweitsprache

Arbeitsheft Alphabetisierung

Herausgeberinnen
Gabriele Kniffka, Birgit Neuer

Autor/in
Vasili Bachtsevanidis
Julia Schaaf

Beraten durch:
Hannelore Müller
ZfA – Zentralstelle für das Auslandsschulwesen (Ulrich Dronske)

Schroedel
westermann

Inhalt Seite

Inhalt Seite

A, a

1 Willkommen – Deutschland international

Hallo, ich heiße …

1 Ergänze mit Hilfe deiner Lehrerin / deines Lehrers.

Ich heiße ______________________________.

Ich komme aus ______________________________.

Syrien Afghanistan dem Irak Iran Eritrea
Somalia Nigeria Pakistan Albanien …

Ich bin ____________________ Jahre alt.

0 null	1 eins	6 sechs	11 elf	16 sechzehn
	2 zwei	7 sieben	12 zwölf	17 siebzehn
	3 drei	8 acht	13 dreizehn	18 achtzehn
	4 vier	9 neun	14 vierzehn	19 neunzehn
	5 fünf	10 zehn	15 fünfzehn	20 zwanzig

2 Erstelle ein Spiel.

a Wir nehmen alle ein Blatt Papier und zeichnen eine Tabelle mit 20 Feldern (4 x 5).

b Wir schreiben in die Felder die Zahlen von 1 bis 20.

c Wir schneiden Karten aus.

Wie spielen wir?

d Wir spielen zu dritt oder zu viert zusammen. Wir legen alle Karten verdeckt auf den Tisch und mischen sie. Die erste Karte wird umgedreht. Wer zuerst die Zahl auf Deutsch sagt, darf die Karte behalten. Wer am Ende die meisten Karten hat, gewinnt!

Tipp:
Beginnt das Spiel erst mit den Karten von 1 bis 5. Wenn das gut klappt, kommen immer mehr Karten ins Spiel.

1 **Was passt? Ergänze.**

acht Apfel Afghanistan

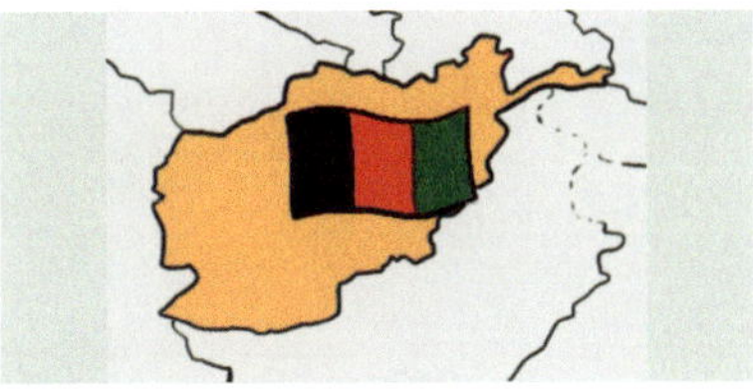

A ______ a ______ A ______

2 **Male den Buchstaben aus.**

3 **Schreibe *A* und *a*.**

A

a

4 **Markiere *A* oder *a*.**

Pakistan Alter hallo acht als Afghanistan

5 **Finde die Länder und schreibe sie auf.**

Soma	nistan
Eri	lia
Afgha	nien
Alba	trea

Somalia

KB ▸ S. 16–18

E, e Wie schreibt man das? – Namen international

1 a Lies den Dialog.

b Markiere *E* und *e*.

c Wie viele gibt es?

E ________

e ________

2 Ergänze mit Hilfe deiner Lehrerin/deines Lehrers.

Wie heißt du? ________________________________

Vorname? ________________________________

Familienname? ________________________________

Wie schreibt man das? Buchstabiere!

Tipp:
Die Buchstaben findest du vorn in der Übersicht.

3 Ordne zu und unterstreiche *E* und *e*.

❶ Ich höre und lese den Text. ❷ Ich spreche Englisch mit Lena. ❸ Ich esse oft Ente.

4 Was klingt gleich? Deine Lehrerin / dein Lehrer liest. Ergänze die Tabelle.

den	Text	höre
lese ________	________	lese ________
________	________	________
________	________	________
________	________	________

1 **Was passt? Ergänze.**

Ente essen Erbsen

E ______ E ______ e ______

2 **Male den Buchstaben aus.**

3 **Schreibe *E* und *e*.**

4 **Markiere *E* oder *e*.**

Erbsen essen Englisch

neben

lernen ergänzen er

Regen

5 **Ergänze die fehlenden Buchstaben.**

e ss e n _rbs_n _nglisch

_rgänzen lern_n n_b_n

R_g_n _nte l_sen

 KB ▸ S. 19

N, n Lernpartner gesucht!

1 a Lies die Texte.

b Markiere *N* und *n*.

c Wie viele gibt es?

N ______ n ______

Hallo, ich bin Jan. Ich bin 13 Jahre alt und komme aus Deutschland. Ich lerne gerade Russisch. Wer kann mir helfen?
Meine Nummer: 0157 233 9901
Mail: jankruger@web.de

Gabriela, 12 aus Argentinien: Ich bin neu und möchte schnell Deutsch lernen. Ich kann dir in Spanisch helfen.
Telefon: 0177 608 5342. Oder schreibe eine Mail an: ela@posteo.de

2 Markiere die Sprachen in den Texten. Die Tabelle hilft dir.

Flagge	Land	Sprache
	Deutschland	Deutsch
	Russland	Russisch
	Argentinien	Spanisch
☐	______________	______________

3 Was ist dein Land und deine Sprache? Ergänze in der Tabelle oben.

4 a Kreise die Länder ein.

D	e	u	t	s	c	h	l	a	n	d	n	s	e
k	a	t	b	m	d	R	u	s	s	l	a	n	d
b	A	f	g	h	a	n	i	s	t	a	n	o	n
i	r	s	p	o	x	e	N	i	g	e	r	i	a
g	e	k	p	j	S	p	a	n	i	e	n	a	h
y	m	u	N	a	m	i	b	i	a	h	d	t	k
I	r	a	n	w	e	l	u	t	v	b	a	i	l
c	n	r	S	y	r	i	e	n	h	m	t	o	k

~~Deutschland~~
Afghanistan
Spanien
Russland
Syrien
Iran
Namibia
Nigeria

b Schreibe die Länder aus dem Rätsel in dein Heft.

1 Was passt? Ergänze.

nehmen Nase Name

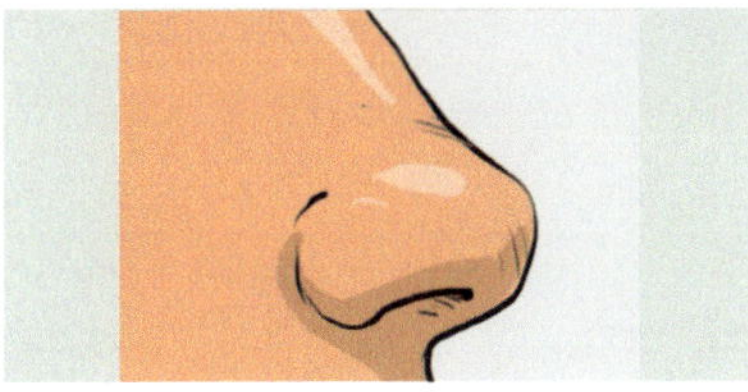

N ______________

n ______________

N ______________

2 Male den Buchstaben aus.

N N n n N n N n

3 Schreibe *N* und *n*.

N

n

4 Markiere *N* oder *n*.

lernen Spanisch Familienname nehmen

Info neun Nigeria

in Name

Land Vorname Person

5 Ergänze die fehlenden Buchstaben.

nehmen	Sp _ _ isch	_ eu _
_ _ me	_ igeri _	L _ _ d
ler _ e _	_ ummer	_ _ se

KB ▸ S. 20–22

O, o Waren aus aller Welt

1 a Ergänze unter den Bildern die fehlenden Buchstaben.

b Markiere *O* und *o*.

c Wie viele gibt es? O _____ o _____

Obst Mango Orange Banane

Or___g_

B______

M___g_

Gemüse Brokkoli Kartoffel Bohnen

K_rt_ff_l

Br_kk_li

B_h___

2 In der Wortschlange verstecken sich 4 Wörter. Welche? Trenne sie ab.

ORANGE | KARTOFFELBROKKOLIMANGO

BROKKOLI KARTOFFEL MANGO ORANGE

3 Schreibe die Wörter aus der Wortschlange in den passenden Kasten.
Den ersten Buchstaben schreibst du groß, alle anderen Buchstaben schreibst du klein.

Obst	**Gemüse**
O_____	K________
M____	B_______

Tipp:
Die Kleinbuchstaben findest du vorn in der Übersicht.

1 Was passt? Ergänze.

Orange offen Obst

O ______ O ______ o ______

2 Male den Buchstaben aus.

O O o o O o O o

3 Schreibe *O* und *o*.

1. O

1. o

4 Markiere *O* oder *o*.

Mango Orange

Karotte Kartoffel Soja

Brokkoli Obst Bohnen

5 Ergänze die fehlenden Buchstaben.

K_a_r_o_tte B_hne_ Ma_g_

_ra_ge B_na_e _bst

S_ja Br_kk_li K_rt_ffel

 KB ▸ S. 23

Ä, ä Nachdenken über Sprache

1 Wie heißt Apfel in deiner Sprache? Male einen Apfel und schreibe in deiner Sprache.

2 Auf dem Bild gibt es viele Äpfel. Zähle die Äpfel! Schreibe die Zahl: __________

3 a Male einen Apfel oben auf eine Karte.
Schreibe auf die Rückseite oben „der Apfel".

Tipp:
So kannst du neue Wörter lernen.

Vorderseite

der Apfel

Rückseite

b Male nun zwei oder drei Äpfel unten auf deine Karte.
Schreibe auf die Rückseite unten „die Äpfel".

Vorderseite

der Apfel

die Äpfel

Rückseite

1 Was passt? Ergänze.

Äpfel ähnlich Ägypten

Ä ____________ Ä ____________ ä ____________

2 Male den Buchstaben aus.

Ä Ä ä ä Ä ä Ä ä

3 Schreibe *Ä* und *ä*.

Ä

ä

4 Markiere *Ä* oder *ä*.

ergänzen **Städte** Ägypten Äpfel *ärgern* *Bäckerei*

5 Finde die Wörter und schreibe sie auf.

Ägyp	fel
Bäcke	ten
er	rei
Äp	gänzen

Ägypten

M, m

2 Schule

Orientierung in der Schule

1 a **Schau dir den Plan der Schule an.**

b **Markiere *M* und *m*.**

c **Wie viele gibt es?** M ______ m ______

2 **Welche Räume gibt es auch in deiner Schule? Berichte.**

3 **Ordne die Wörter zu.**

der Musikraum

die Mensa

der Klassenraum

die Toilette

das Sekretariat

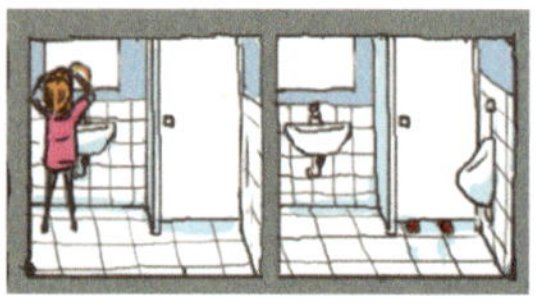

1 **Was passt? Ergänze.**

Mund Müll malen

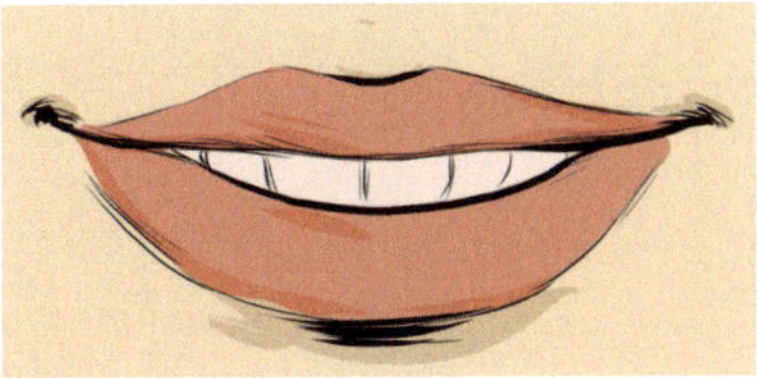

M ______ m ______ M ______

2 **Male den Buchstaben aus.**

M M m m M m M m

3 **Schreibe *M* und *m*.**

M

m

4 **Markiere *M* oder *m*.**

mein Musikraum Lehrerzimmer Matheheft

5 **Finde die Wörter und schreibe sie auf.**

Musik	sa
Lehrer	raum
Men	heft
Mathe	zimmer

Musikraum

KB ▸ S. 33–35

S, s

Orientierung im Klassenzimmer

1 a **Schau dir das Bild und die Tabelle an.**

b **Markiere S und s.**

c **Wie viele gibt es?** S ________ s ________

2 a **Was gibt es in deinem Klassenraum? Kreuze an. (X)**

b **Wie viele gibt es? Schreibe die Zahlen.**

Singular (1)		Zahl	Plural (2, 3 …)
ein Tisch	X		Tische
ein Stuhl			Stühle
ein Lehrertisch			Lehrertische
eine Tafel			Tafeln
ein Schrank			Schränke
ein Fenster			Fenster
ein Schüler			Schüler
eine Lehrerin			Lehrerinnen
ein Laptop			Laptops

1 Was passt? Ergänze.

Sonne Somalia singen

s ____________

S ____________

S ____________

2 Male den Buchstaben aus.

S S s s S S S s

3 Schreibe S und s.

S

s

4 Markiere S oder s.

Sonne Sekretariat Mensa

eins sechs

Erdgeschoss

Musik Syrien Somalia

5 Ergänze die fehlenden Buchstaben.

Mus ik	_ekretari_t	_en_a
Erdgescho_ _	_onn_	_in_
_ingen	Fe_ _ter	_ech_

KB ▸ S. 36–37

Sch, sch Das brauchst du für die Schule

1 a Lies die Wörter.

b Markiere *Sch* und *sch*.

c Wie viele gibt es? Sch ________ sch ________

 Mäppchen
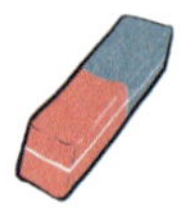 Radiergummi
 Matheheft

 Kugelschreiber
 Textmarker
 Hausaufgabenheft

 Bleistift
 Schnellhefter
 Schere

 Spitzer
 Schreibheft
 Sportschuhe

2 Schau dir den Rucksack von Gabriela an.
Was ist im Rucksack? Schreibe es auf.

____

____

____

____

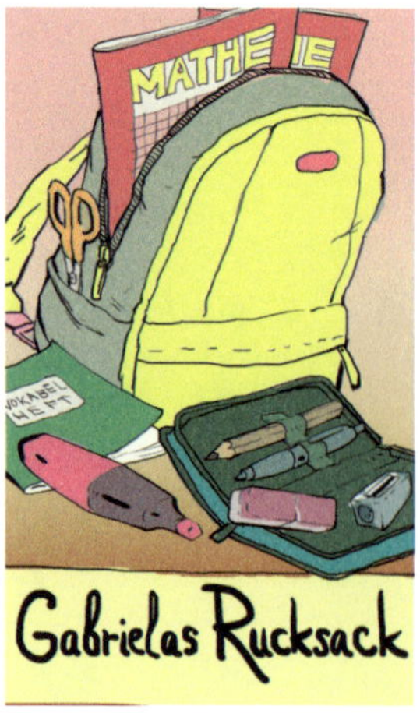

3 In den beiden Wortschlangen sind 10 Schulsachen versteckt. Welche? Trenne sie ab.

RADIERGUMMI | BLEISTIFTKUGELSCHREIBERMÄPPCHENTEXTMARKER

SPITZERSCHEREBUNTSTIFTSCHNELLHEFTERSPORTSCHUHE

4 Schreibe die Wörter aus der Wortschlange in dein Heft.
Den ersten Buchstaben schreibst du groß, alle anderen Buchstaben schreibst du klein.

1 Was passt? Ergänze.

Schule schreiben Schrank

sch ______________

Sch ______________

Sch ______________

2 Male die Buchstaben aus.

Sch sch Sch sch

3 Schreibe *Sch* und *sch*.

Sch

sch

4 Markiere *Sch* oder *sch*.

Schere Schule Schreibheft Schüler

5 Finde die Wörter und schreibe sie auf.

Deutsch	re
Schu	land
Sche	heft
Schreib	le

Deutschland

KB ▸ S. 38–41

H, h Ein Tag an einer deutschen Schule

1 a Schau dir Florians Stundenplan an.

b Markiere *H* und *h*.

c Wie viele gibt es? H ____________ h ____________

Stundenplan					
Zeit	Montag	Dienstag	Mittwoch	Donnerstag	Freitag
1. Stunde 8.00 – 8.45		Deutsch	Englisch		Mathematik
2. Stunde 8.50 – 9.35	Mathematik	Deutsch	Englisch	Deutsch	Englisch
9.35 – 9.50					
3. Stunde 9.50 – 10.35	Erdkunde	Mathematik	Erdkunde	Biologie	Deutsch
4. Stunde 10.40 – 11.25	Biologie	Mathematik	Musik	Englisch	Deutsch
11.25 – 11.40					
5. Stunde 11.40 – 12.25	Deutsch	Kunst	Sport	Technik	Musik
6. Stunde 12.30 – 13.15	Englisch	Kunst	Sport	Technik	
7. Stunde 13.45 – 14.30	Förder Deutsch			Mathematik	

2 Welche Fächer hat Florian an welchem Tag?
Fragt euch gegenseitig.

Welche Fächer hat Florian am Montag?

Am Montag hat Florian Mathematik, …

3 Um wie viel Uhr beginnt die Schule an welchem Tag?
Fragt euch gegenseitig.

Wann beginnt die Schule am Montag?

Am Montag beginnt die Schule um … Uhr … .

1 Was passt? Ergänze.

Haus Handy husten

h ______ H ______ H ______

2 Male den Buchstaben aus.

H H h h H h H h

3 Schreibe *H* und *h*.

H

h

4 Markiere *H* oder *h*.

Handy haben Bibliothek
Hausaufgaben hallo
husten
Uhr Haus Mathematik Lehrer Heft

5 Ergänze die fehlenden Buchstaben.

Mat h ematik _au_ _aus_ufgabe_

Le_rer _a_dy Bibliot__k

__ft _uste_ _aben

KB ▶ S. 44–45

R, r

Wir brauchen Regeln

1 a Lies die Sätze.

b Markiere *R* und *r*.

c Wie viele gibt es? R ____________ r ____________

2 Ordne die Sätze den Bildern zu.

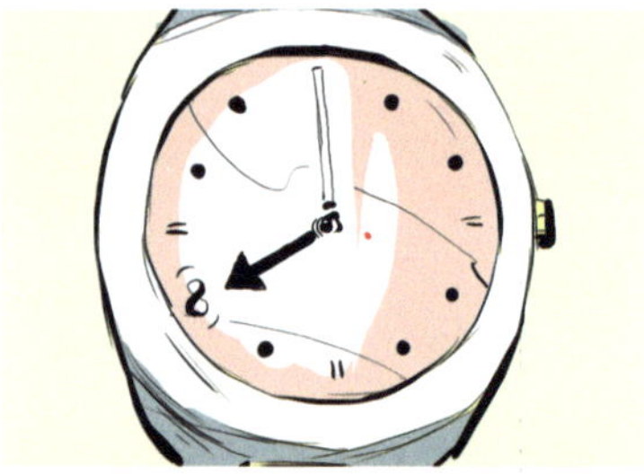

Regeln in unserer Klasse

Wir kommen **pünktlich** zum Unterricht.

Wir halten den Klassenraum **sauber**.

Wir **hören zu**, wenn andere sprechen.

Wir benutzen das **Handy nicht.**

Wir hören **keine Musik** im Unterricht.

Wir **wischen** die **Tafel.**

Wir **essen nicht** im Unterricht.

Wir bringen den Müll in den **Mülleimer.**

3 Macht ein Plakat mit Regeln für eure Klasse.

1 Was passt? Ergänze.

Radiergummi Rucksack rennen

R ______ R ______ r ______

2 Male den Buchstaben aus.

R R r r R r R r

3 Schreibe *R* und *r*.

R

r

4 Markiere *R* oder *r*.

Rucksack **rennen** *Regeln* Schere ***Mülleimer***

5 Finde die Wörter und schreibe sie auf.

Radier	geln
Ruck	gummi
Re	raum
Klassen	sack

Radiergummi

D, d

3 Deutschland entdecken

Eine Tour durch Deutschland

1 a Wo tritt Bülent Ceylan auf? Kreise die Städte auf der Karte ein.

b Markiere *D* und *d*.

c Wie viele gibt es? D ________ d ________

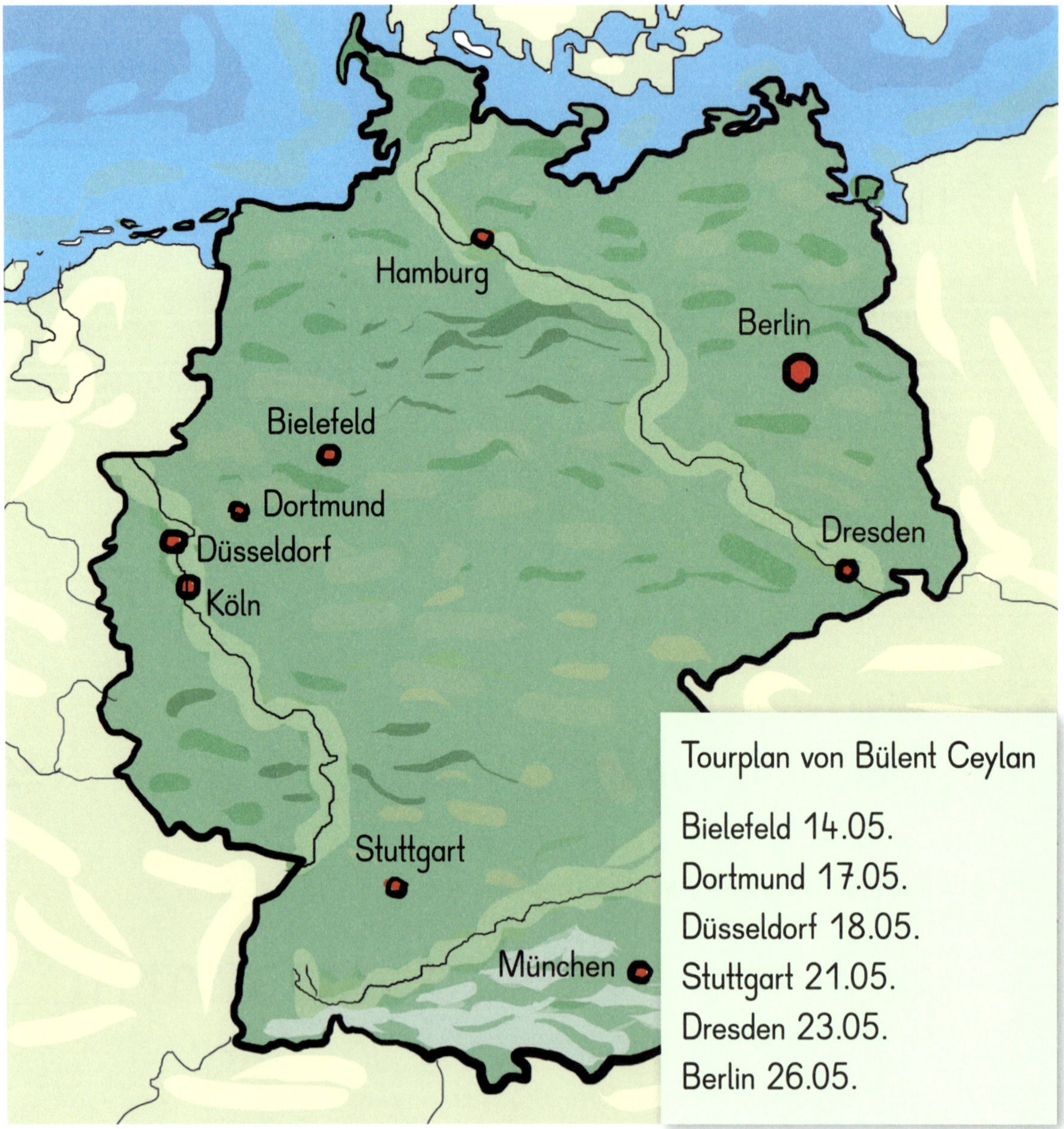

2 Wie sieht Bülent Ceylans Tour aus? Sprecht darüber.

Bülent Ceylan reist von Dortmund nach Düsseldorf.
Von Düsseldorf reist er dann nach …
Von … reist er nach …

1 Was passt? Ergänze.

duschen Deutschland Drucker

D ____________ D ____________ d ____________

2 Male den Buchstaben aus.

D D d d D d D d

3 Schreibe *D* und *d*.

D

d

4 Markiere *D* oder *d*.

Deutschland die Düsseldorf Drucker das

5 Finde die Wörter und schreibe sie auf.

Deutsch	den
du	mund
Dres	land
Dort	schen

Deutschland

KB ▶ S. 60–63

T, t Deutschland und seine Bundesländer

1 a Schau dir die Deutschlandkarte an.

b Markiere *T* und *t*.

c Wie viele gibt es? T ________ t ________

2 Spiel mit Landeshauptstädten.

a Wir schreiben die Hauptstädte der Bundesländer auf Kärtchen.

b Wir legen die Städtekarten auf einen Stapel.

c Ein Spieler zieht die erste Karte. Wer zuerst die Stadt auf der Deutschlandkarte zeigt, formuliert einen Satz wie im Beispiel. Wenn der Satz korrekt ist, bekommt die Gruppe einen Punkt.

Düsseldorf liegt in Nordrhein-Westfalen. Das ist im Westen.
... liegt in ... . Das liegt im ... .

1 Was passt? Ergänze.

Tür telefonieren Tisch

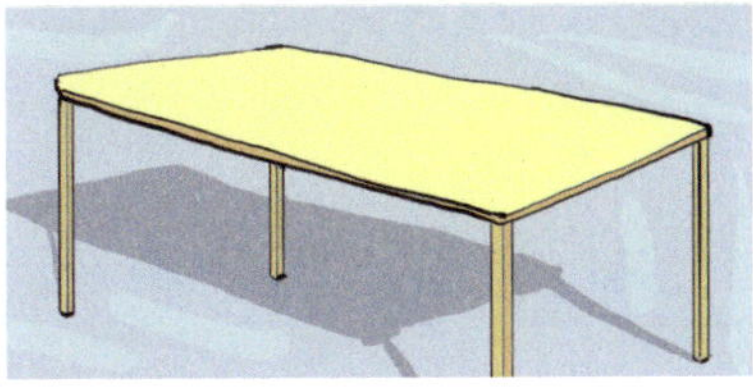

T ____________

T ____________

t ____________

2 Male den Buchstaben aus.

T T t t T t T t

3 Schreibe *T* und *t*.

T

t

4 Markiere *T* oder *t*.

Stuttgart Stuhl Stadt Tafel Unterricht acht liegt Heft Dortmund Salat Osten Westen alt

5 Ergänze die fehlenden Buchstaben.

Stadt Wes_en _eutschl_nd

Ti___ nich_ Obs_

Dor_mund _afel K_rtoff_l

KB ▸ S. 64–67

F, f Naturraum Deutschland

1 a Ordne die Bilder den richtigen Wörtern zu.

b Markiere *F* und *f*.

c Wie viele gibt es? F ________ f ________

das Schiff das Heft das Schaf der Fisch das Foto der Hafen

2 Finde die Wörter von oben im Kasten. Kreise sie ein.

A	B	F	O	T	O	K	I
D	A	T	H	A	F	E	N
F	S	C	H	A	F	L	A
R	U	S	C	H	I	F	F
F	I	S	C	H	T	O	Z
O	T	E	H	E	F	T	A

3 Markiere die Städte im Text.

Hamburg, Kiel, Bremen

1. Tag: Unsere Reise beginnt in Kiel, im nördlichsten Bundesland – Schleswig-Holstein. Es gibt hier entlang der Küste viele Wiesen und Weiden. Wir sehen eine Menge Schafe und auch Kühe. Die Landschaft ist sehr flach.
2. Tag: Heute besuchen wir Hamburg! Hamburg hat einen großen Hafen. Wir haben eine Hafenrundfahrt gemacht und auf dem Fischmarkt Fischbrötchen gegessen.
3. Tag: Von Hamburg fahren wir nach Bremen. Bremen liegt an der Weser und hat 600 Brücken. Wir waren im Überseemuseum und in der wunderschönen Altstadt.

4 Ordne zu. Was passt zusammen?

Tag 1 Hamburg  Brücken

Tag 2 Kiel  Fischbrötchen

Tag 3 Bremen  Schafe

1 **Was passt? Ergänze.**

Finger fotografieren Fisch

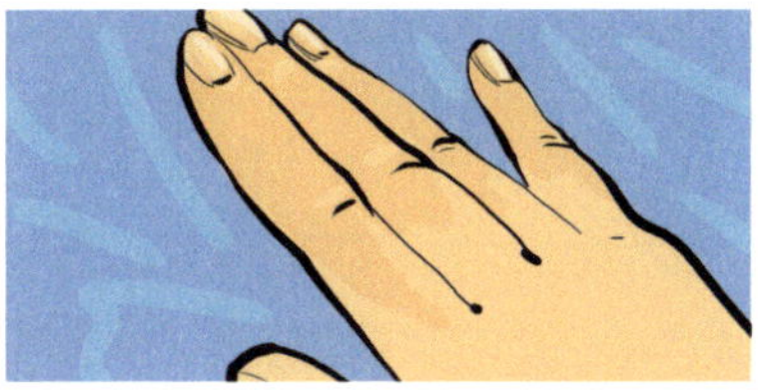

F ________ F ________ f ________

2 **Male den Buchstaben aus.**

3 **Schreibe *F* und *f*.**

4 **Markiere *F* oder *f*.**

fotografieren Schafe Finger Hausaufgaben Hafen Schiff Fenster Fischbrötchen Kartoffel offen Familienname Heft

5 **Ergänze die fehlenden Buchstaben.**

Fischbrötchen	_afen	Schi_f
fo_ogra_ieren	He_t	_inger
_amilienn_me	_afel	Fahrra_

KB ▸ S. 68–73

I, i Arbeitswelten

1 a Lies die Wörter im Kasten.

b Markiere *I* und *i*.

c Wie viele gibt es? I ________ i ________

Brokkoli Bauer Obst Maschine Lehrerin
Internet Milch Schülerin Tisch

2 Ordne die Wörter aus Aufgabe 1 zu.

Lebensmittel	Personen	Sachen
Obst		

3 a Schau dir die Bilder an.

b Schreibe unter jedes Bild die richtigen Wörter.

die Ananas

____

____

die Kartoffel
die Maschine
die Ananas
der Brokkoli
die Milch

____

____

1 Was passt? Ergänze.

informieren Insel Internet

I ______ I ______ i ______

2 Male den Buchstaben aus.

I I i i I i I i

3 Schreibe *I* und *i*.

I

i

4 Markiere *I* oder *i*.

Maschine Tisch Lebensmittel Insel Schiff

5 Finde die Wörter und schreibe sie auf.

Ber	koli
Inter	mittel
Brok	lin
Lebens	net

Berlin

KB ▸ S. 68–73

ie

Arbeitswelten

1 a Lies die Wörter im Kasten.

b Markiere *ie*.

c Wie viele gibt es? ie ________

wie transportieren Beispiel kontrollieren
die diesen Industrie notieren

2 a In den Wortschlangen sind 8 Wörter versteckt. Welche? Markiere sie.

ABDIEMANOTIERENDELEWIEMERKONTROLLIERENDEN

NINDUSTRIETRANSPORTIERENENSBEISPIELUMDIESEN

b Schreibe die Wörter auf.

die ________ ________

________ ________

________ ________

________ ________

3 Welche Wörter gehören zusammen? Ordne zu.

die Kontrolle	telefonieren
das Programm	informieren
das Produkt	kontrollieren
das Telefon	produzieren
die Notiz	fotografieren
die Information	programmieren
das Foto	sortieren
die Sorte	notieren

1 Was passt? Ergänze.

markieren Spiel telefonieren

___ie___ ___ie___ ___ie___

2 Male die Buchstaben aus.

ie ie ie ie ie

3 Schreibe *ie*.

ie

4 Markiere *ie*.

markieren wie Wiese

Spiel lies Beispiel die telefonieren

Industrie viele Tier diesen

5 Ergänze die fehlenden Buchstaben.

v ie le	Beisp _ _ l	_ ele _ onieren
l _ _ s	T _ _ r	ma _ k _ _ ren
K _ _ l	_ nform _ _ ren	In _ ustr _ _

KB ▶ S. 82–85

K, k

4 Freizeit

Das kannst du in deiner Freizeit machen

1 a Schau dir die Tabelle an.

b Markiere *K* und *k*.

c Wie viele gibt es? K ________ k ________

		ich	Partner
	kochen		
	Fußball spielen		
	ins Kino gehen		
	lesen		
	Basketball spielen		
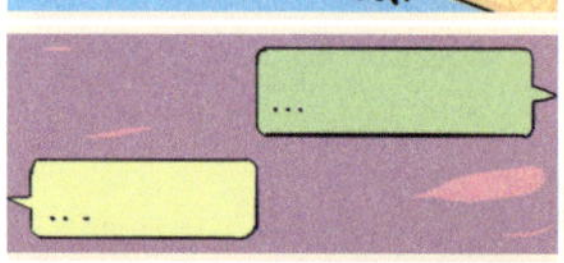	chatten		
	Klavier spielen		
	Musik hören		
	chillen		
	im Internet surfen		

2 a Was machst du in der Freizeit? Kreuze an. (X)

b Was macht dein Partner? Kreuze an. (X)

3 Was machst du noch? Male in dein Heft. Kennst du auch das Wort? Dein Lehrer/deine Lehrerin hilft dir beim Schreiben.

1 Was passt? Ergänze.

kochen Kuh Kugelschreiber

K ______ k ______ K ______

2 Male den Buchstaben aus.

K K k k K k K k

3 Schreibe *K* und *k*.

K

k

4 Markiere *K* oder *k*.

kochen kommen Kino Kunst Kugelschreiber markieren Musik

5 Finde die Wörter und schreibe sie auf. Achte auf die Groß- und Kleinschreibung!

KO	MEN
KOM	SIK
KUGEL	CHEN
MU	SCHREIBER

kochen

KB ▸ S. 86–91

Ch, ch

Freizeitangebote für Jugendliche

1 a Lies den Dialog.

b Markiere *ch*.

c Wie viele gibt es? ch ________

A Was möchtest du am Wochenende machen?
B Ach, ich weiß noch nicht. Machst du was?
A Ich möchte was kochen.
B Echt? Das wird bestimmt richtig lecker.
A Klar. Besuch mich doch!
B Toll. Mach ich!

2 a Die Buchstaben *ch* spricht man manchmal wie bei *ich* und manchmal wie bei *machen*. Lies den Dialog mit einem Partner.

b Tragt in die Tabelle ein, wie ihr die ch-Wörter im Dialog sprecht.

Ich (Ich-Laut)	machen (Ach-Laut)
möchtest	Wochenende

3 Ergänze die Regel zur Aussprache von *ch*.

Nach den Buchstaben _____, i, ä, ö und ü spricht man wie bei „ich". Nach den Buchstaben a, o und _____ spricht man wie bei „machen".

Tipp:
Die Tabelle oben hilft dir.

1 Was passt? Ergänze.

acht Milch China

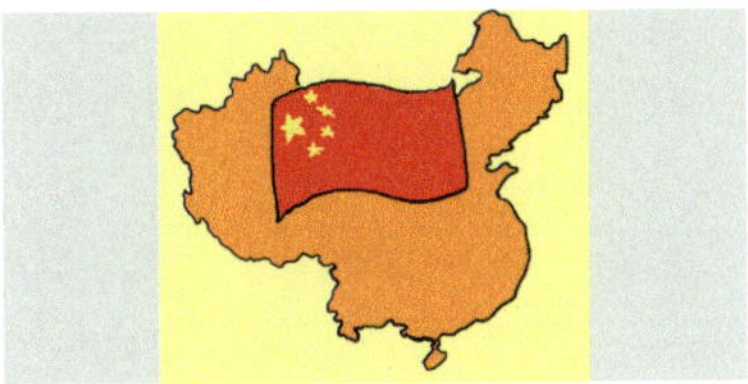

Ch______ ______ch ___ch___

2 Male die Buchstaben aus.

3 Schreibe *Ch* und *ch*.

Ch

ch

4 Markiere *Ch* oder *ch*.

Milch Brötchen chillen chatten nicht acht kochen Wochenende China Kuchen

5 Ergänze die fehlenden Buchstaben.

Bröt c h en __ __ ina ko __ __ en

Wo __ __ enen __ e __ __ illen Mil __ __

__ __ atten ni __ __ t Ku __ __ en

KB ▸ S. 86–91

U, u Freizeitangebote für Jugendliche

1 a Schau dir den Flyer eines Jugendzentrums an.

b Markiere *U* und *u*.

c Wie viele gibt es? U ________ u ________

Wochenprogramm

Montag:	14.00 – 15.30 Uhr	Rock'n'Roll-Kurs
	17.00 – 21.00 Uhr	Offener Treff
Dienstag:	14.00 – 16.30 Uhr	Breakdance-Kurs
	15.30 – 18.00 Uhr	Offener Treff
Mittwoch:	14.00 – 16.30 Uhr	Offener Treff
	16.15 – 18.00 Uhr	Schachkurs
	17.00 – 21.00 Uhr	Musik / Dart
Donnerstag:	14.00 – 16.30 Uhr	Malkurs
	15.30 – 17.00 Uhr	Theatergruppe
	17.00 – 20.30 Uhr	Offener Treff
Freitag:	14.30 – 16.30 Uhr	Offener Treff
	15.00 – 17.00 Uhr	Lindy Hop Dance-Kurs
	17.00 – 21.00 Uhr	Film
Samstag:	10.00 – 12.00 Uhr	Offener Treff
	18.00 – 23.00 Uhr	Offener Treff / Disco

2 Ordne die Bilder den Aktivitäten zu.

Breakdance

Schachkurs

Dart

Malkurs

Theatergruppe

3 Wann kann man diese Aktivitäten im Jugendzentrum machen? Sprecht darüber.

Am Montag kann man einen Rock'n'Roll-Kurs machen.

1 **Was passt? Ergänze.**

Uhr U-Bahn unten

U ____________ u ____________ U ____________

2 **Male den Buchstaben aus.**

U U u u U u U u

3 **Schreibe *U* und *u*.**

1. U

1. u 2.

4 **Markiere *U* oder *u*.**

Fußball Musik Jugendliche Uhr

Unterricht U-Bahn Malkurs

5 **Finde die Wörter und schreibe sie auf. Achte auf die Groß- und Kleinschreibung!**

JUGEND	KURS
SCHU	LICHE
MAL	RICHT
UNTER	LE

Jugendliche

G, g Freizeit und Internet

1 a Schau dir die Sätze an.

b Markiere *G* und *g*.

c Wie viele gibt es? G ______ g ______

Ich nutze Facebook, da ich so mit meinen Freunden chatten kann.

Ich mag Instagram, weil ich mir gern schöne Fotos anschaue.

Ich finde GoogleMaps gut, da es praktisch ist.

Ich nutze Snapchat gern, weil ich es witzig finde.

2 Kennst du diese Apps? Und welche Apps nutzt du? Sprecht darüber.

3 Trenne die Wortgrenzen ab und schreibe die zwei Sätze auf.

Tipp: Schreibe die Satzanfänge und die Nomen groß.

ICH | FINDEGOOGLEMAPSGUT,DAESPRAKTISCHIST.

____

____

ICHMAGINSTAGRAM,WEILICHMIRGERNEFOTOSANSCHAUE.

____

____

1 Was passt? Ergänze.

Gitarre Geld gehen

g ____________

G ____________

G ____________

2 Male den Buchstaben aus.

G G g g G g G g

3 Schreibe *G* und *g*.

G

g

4 Markiere *G* oder *g*.

Geld fotografieren witzig Gitarre

gern mag gut gehen Getränk Finger

5 Ergänze die fehlenden Buchstaben.

foto g rafier e n witz _ _ _it _ rre

_ ern ma _ _ _ ld

_ ut _ ehe _ _ eträn _

KB ▸ S. 96–99

C, c Lesen und darüber sprechen

1 a Schau dir die Buchcover an.

b Kreise *C*, *c*, *Ch*, *ch* und *sch* ein.

c Wie viele gibt es? C ________ c ________ Ch ________

ch ________ sch ________

2 Welche Bücher liest du gern? Sprecht darüber.

3 Ordne die Wörter den Bildern zu.

Cent

Café

Cola

Croissant

1 **Was passt? Ergänze.**

Computer Comic campen

C ________ C ________ c ________

2 **Male den Buchstaben aus.**

3 **Schreibe C und c.**

C

c

4 **Markiere C oder c.**

Computer Comic cool Heftcover campen Cent Café

5 **Finde die Wörter und schreibe sie auf. Achte auf die Groß- und Kleinschreibung!**

COM	PEN
CO	PUTER
BUCH	MIC
CAM	COVER

Computer

KB ▸ S. 108–112

W, w

5 Natur und Umwelt

Wetter und Jahreszeiten

1 a Lies die Wörter im Kasten.

b Markiere *W* und *w*.

c Wie viele gibt es? W ______ w ______

die Sonne die Regenwolke der Schnee
der Regen der Wind

2 a Schau dir die Bilder an.

b Schreibe unter jedes Bild die richtigen Wörter aus Aufgabe 1.

1 

der Regen

2 

______

3 

______

4 

______

5 

______

3 Wie ist das Wetter auf den Bildern? Sprecht darüber.

Es ist windig.

Es regnet.

Es ist bewölkt und kalt.

Es schneit.

Es ist sonnig und warm.

Auf dem Bild 1 regnet es.
Auf dem Bild 2 …

1 Was passt? Ergänze.

Wolke windig Wasser

W ______

W ______

w ______

2 Male den Buchstaben aus.

W W w w W w W w

3 Schreibe *W* und *w*.

W (1. 2. 3. 4.)

w (1. 2. 3. 4.)

4 Markiere *W* oder *w*.

Wetter bewölkt Westen wie

Wolke was Wörterbuch Woche

zwei windig warm

5 Ergänze die fehlenden Buchstaben.

Mitt_w_och	_örter	w_nn
We_ten	_asser	_oche
Wö_te_buch	win_ig	z_ei

KB ▸ S. 113–116

Ü, ü Pflanzen im Jahresverlauf

1 a Lies die Sätze.

b Markiere *Ü* und *ü*.

c Wie viele gibt es? Ü ________ ü ________

Im Frühling wird es wärmer. Der Apfelbaum hat viele kleine Blüten.

Im Sommer ist der Apfelbaum grün. Der Baum trägt viele grüne Blätter und kleine grüne Äpfel.

Im Herbst wird es kühl. Der Apfelbaum trägt nun große Früchte: Die Äpfel sind reif. Jetzt kannst du sie pflücken und essen.

Im Winter ist es kalt. Der Apfelbaum hat keine Blätter und keine Äpfel mehr.

2 a Schau dir die Bilder an.

b Schreibe unter jedes Bild die richtigen Wörter.

die Küche

____

____

das Stück
die Küche
die Brüder
die Blüte
die Früchte

____

____

1 Was passt? Ergänze.

üben überholen Überraschung

ü ______________ Ü ______________ ü ______________

2 Male den Buchstaben aus.

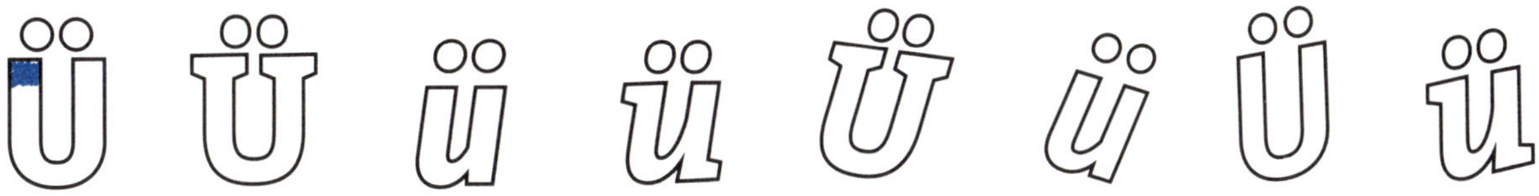

3 Schreibe *Ü* und *ü*.

4 Markiere *Ü* oder *ü*.

pflücken Überraschung fünf
Blüte übrig
Frühling grün für
Früchte Stück
über
Küche Brüder kühl Glück Übung

5 Ergänze die fehlenden Buchstaben.

pflücken Fr_hli_g f_nf
Br_d_r St_ck üb_r
Überra___ung _bung f_r

KB ▸ S. 113–116

Pf, pf Pflanzen im Jahresverlauf

1 a **Schau dir die Tabelle an.**

b **Markiere *Pf* und *pf*.**

c **Wie viele gibt es?** Pf ________ pf ________

Jahreszeiten für Lebensmittel

	Jan	Feb	März	April	Mai	Juni	Juli	Aug	Sep	Okt	Nov	Dez
Apfel												
Feldsalat												
Karotte												
Kartoffel												
Kopfsalat												
Pfirsich												

2 a **Lies noch einmal die Wörter aus Aufgabe 1.**

b **Ordne die Wörter zu.**
Ergänze dabei *der*, *die* oder *das*. Schaue im Wörterbuch nach.

Obst	Gemüse	Salat
der Apfel	________	________
________	________	________

3 **Wann pflückt man Obst? Wann erntet man Gemüse und Salat? Sprecht darüber.**

Januar
Februar
März
April
Mai
Juni
Juli
August
September
Oktober
November
Dezember

Äpfel pflückt man von August bis November.
Feldsalat erntet man am besten von …

ein/eine	zwei, drei, vier, …	ein / viel
Apfel	**Ä**pfel	Feldsalat
Karotte	Karotte**n**	Kopfsalat
Kartoffel	Kartoffel**n**	
Pfirsich	Pfirsich**e**	

1 Was passt? Ergänze.

pflanzen Pferd Pfeil

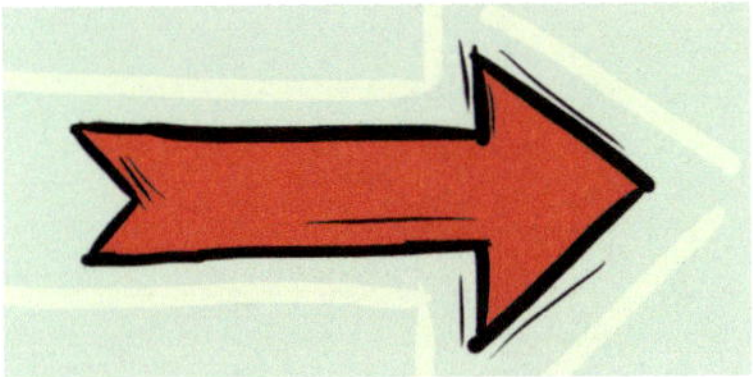

Pf ____________

Pf ____________

pf ____________

2 Male die Buchstaben aus.

Pf Pf pf pf Pf pf

3 Schreibe *Pf* und *pf*.

P f

p f

4 Markiere *Pf* oder *pf*.

Apfelbaum Pflaume Pfeil Pfirsich Kopf pflücken

5 Finde die Wörter und schreibe sie auf. Achte auf die Groß- und Kleinschreibung!

APFEL	SICH
KOPF	BAUM
PFIR	ZE
PFLAN	SALAT

Apfelbaum

KB ▸ S. 117–119

Qu, qu

Wohin fliegt Storch „Michael"?

1 a Lies die Wörter.

b Markiere *Qu* und *qu*.

c Wie viele gibt es? Qu ________ qu ________

	der Hund	miauen	„Miau!"
	die Katze	quieken	„Oink oink!"
	der Frosch	bellen	„Wau wau!"
	die Kuh	quaken	„Quaaak!"
	das Schwein	klappern	„Klapp klapp klapp!"
	der Storch	quasseln	„Bla bla bla..."
	die Schüler	muhen	„Muh!"

2 Ordne die Bilder aus Aufgabe 1 den richtigen Wörtern zu.

3 Sprich mit einem Partner.

– Was macht die Katze?

– Ich glaube, dass sie miaut.

4 Lies die Wörter in den Kästen. Markiere Kästen mit verschiedenen Wörtern.

quaken quaken	Schwein Schein	quieken quaken
klappern klappen	quasseln quasseln	quer quer

1 Was passt? Ergänze.

quasseln Quadrat Qualle

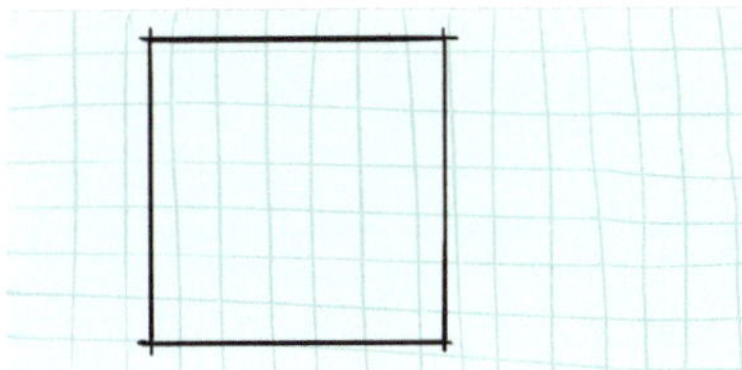

Qu ______ Qu ______ qu ______

2 Male die Buchstaben aus.

Qu Qu qu qu Qu qu

3 Schreibe *Qu* und *qu*.

Qu

qu

4 Markiere *Qu* oder *qu*.

quasseln quaken Quelle quieken Qualle Quadrat quadratisch Quark quer

5 Ergänze die fehlenden Buchstaben.

Quelle __ __aken Qu _rk

Quall _ __ __asseln qua _rati _ _ _

qu _r __ __adrat quie _en

KB ▸ S. 124–125

Y, y

So viel Müll!

1 a Lies die Wörter im Kasten.

b Markiere *Y* und *y*.

c Wie viele gibt es? Y ______ y ______

Styroporschale Zeitung Flyer Hygieneartikel
Papayaschale Pflanze Plastiktüte Spraydose

2 a Lies noch einmal die Wörter aus Aufgabe 1.

b Ordne die Wörter zu.
Ergänze dabei *der*, *die* oder *das*. Schau im Wörterbuch nach.

Verpackung	Altpapier	Bioabfall	Restmüll
die Styroporschale	___ ________	___ ________	___ ________
___ ________	___ ________	___ ________	___ ________

3 a Lies das Gedicht zum Thema Müll.

Spraydose
Wohin damit?
Was mache ich?
Die Spraydose muss weg.
Müll!

So sieht ein Elfchen aus:
1. Zeile: 1 Wort
2. Zeile: 2 Wörter
3. Zeile: 3 Wörter
4. Zeile: 4 Wörter
5. Zeile: 1 Wort

b Diese Art von Gedicht nennt man Elfchen.
Schreibe dein eigenes Elfchen zum Thema Müll.

____
Wohin damit?
________ ________ ________
________ ________ ________ ________.
Müll!

1 Was passt? Ergänze.

Yak Yacht Yoga

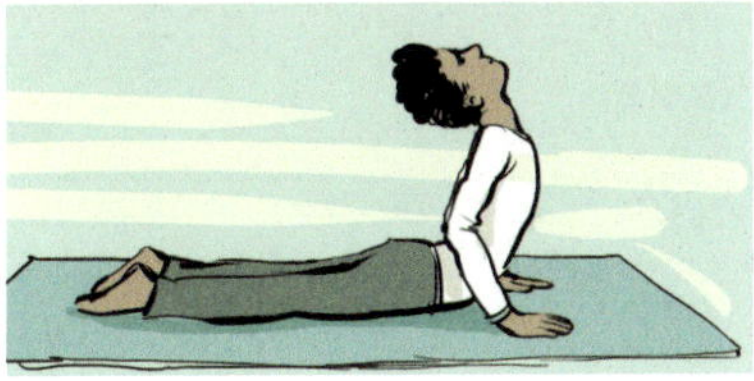

Y ______ Y ______ Y ______

2 Male den Buchstaben aus.

Y Y y y Y y Y y

3 Schreibe *Y* und *y*.

Y

y

4 Markiere *Y* oder *y*.

Flyer Gymnastikball Yak Yoga Gymnasium Recycling

5 Finde die Wörter und schreibe sie auf. Achte auf die Groß- und Kleinschreibung!

HYGIENE	DOSE
SPRAY	ARTIKEL
GYMNASTIK	SCHALE
STYROPOR	BALL

Hygieneartikel

 KB ▸ S. 128–129

L, l Wohin mit dem Müll?

1 a Lies die Wörter im Kasten.

b Markiere *L* und *l*.

c Wie viele gibt es? L ________ l ________

Aludose Milchkarton Teebeutel
Flasche Bananenschale Plastikbecher

2 a In den Wortschlangen sind 4 Wörter versteckt. Welche? Markiere sie.

ABFLASCHEGUSSALUDOSEKLE

QUAMILCHKARTONARENTEEBEUTELAB

b Schreibe die Wörter zu den richtigen Bildern.
Ergänze dabei *der*, *die* oder *das*. Schaue im Wörterbuch nach.

die Flasche

____

____

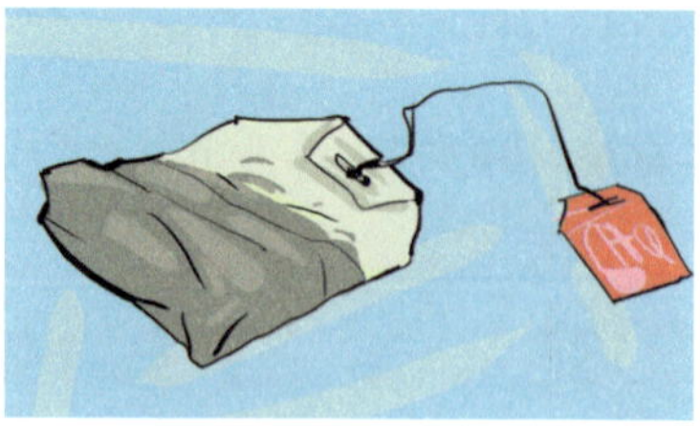

____

3 Wohin mit dem Müll? Sprich mit einem Partner.

Die Flasche wirft man nicht weg. Das ist eine Pfandflasche.
Die Bananenschale wirft man in den Bioabfall.
Die Aludose wirft man …

Wohin?
in die gelbe Tonne
ins Altpapier
in den Bioabfall
in den Restmüll

1 Was passt? Ergänze.

Laptop Lampe lesen

L ________

L ________

l ________

2 Male den Buchstaben aus.

L L l l L l L l

3 Schreibe *L* und *l*.

L (1., 2.)

l (1.)

4 Markiere *L* oder *l*.

Mülltonne Lampe Laptop lesen Abfallkorb

5 Finde die Wörter und schreibe sie auf. Achte auf die Groß- und Kleinschreibung!

MÜLL	KORB
ABFALL	KARTON
MILCH	PE
LAM	TONNE

Mülltonne

Ei, ei

6 Mensch und Gesundheit

Wir bewegen uns

1 a **Lies die Wörter im Kasten.**

b **Markiere *ei*.**

c **Wie viele gibt es?** ei ________

Die Körperteile

der Kopf	die Brust	der Arm	das Bein	die Hand	der Zeh
der Finger	der Fuß	der Bauch	der Rücken	das Knie	der Hals

2 a **Schau dir das Bild an.**

b **Ergänze die fehlenden Buchstaben.**

der Ko___

der Ha___

die Br___

der B___

das B___

das K___

der F___ß

der Ze___

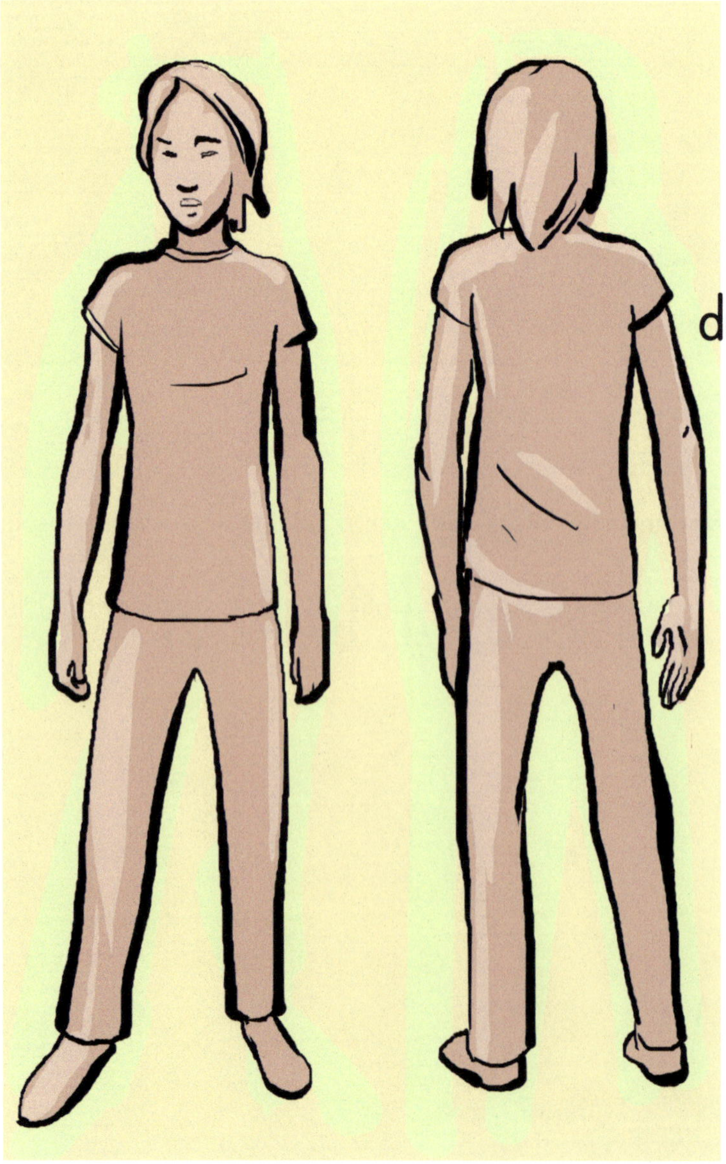

der Rück___

der A___

die H___

der Fi___

1 Was passt? Ergänze.

Eis Ei eins

E ______ e ______ E ______

2 Male die Buchstaben aus.

Ei Ei ei ei Ei ei Ei ei

3 Schreibe *Ei* und *ei*.

Ei

ei

4 Markiere *Ei* oder *ei*.

Freizeit Kugelschreiber klein Bleistift nein Körperteile mein

5 Finde die Wörter und schreibe sie auf. Achte auf die Groß- und Kleinschreibung!

KUGEL	TEILE
FREI	SCHREIBER
KÖRPER	STIFT
BLEI	ZEIT

Kugelschreiber

 KB ▸ S. 136–139

St, st Sp, sp

Wir bewegen uns

1 a Lies die Sätze.

b Markiere *St, st, Sp* und *sp*.

c Wie viele gibt es? St ______ st ______ Sp ______ sp ______

Beim Sport kannst du …

… mit einem Ball spielen.

… auf einer Stelle hüpfen.

… über ein Seil springen.

… sehr schnell sprinten.

… Liegestütze machen.

… stürzen.

2 Ordne die Sätze aus Aufgabe 1 den richtigen Bildern zu.

3 a In der Wortschlange sind 5 Wörter mit *st* oder *sp* versteckt. Welche? Markiere sie.

XUSTÜRZENJMSPORTNPRSPRINGENBULIEGESTÜTZELOTSPIELENZEM

b Schreibe die Wörter aus der Wortschlange in dein Heft.

1 Was passt? Ergänze.

Spitzer springen Stuhl stehen

  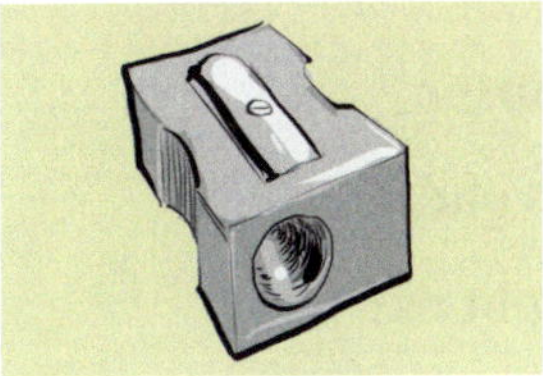 

St ________ sp ________ Sp ________ st ________

2 Male die Buchstaben aus.

Sp St sp st Sp st St sp

3 Schreibe *St, st* und *Sp, sp*.

St st

Sp sp

4 Markiere *St, st, Sp* oder *sp*.

Sport Beispiel Stuhl spielen Spitzer stürzen stehen sprechen Stadt Spanien

5 Ergänze die fehlenden Buchstaben.

Bei s p iel	s t ehen	_ _ ort
_ _ itzer	_ _ anien	_ _ rechen
_ _ uhl	_ _ adt	_ _ ürzen

KB ▸ S. 145–147

Ö, ö Was essen wir?

1 a Lies die Wörter.

b Markiere Ö und ö.

c Wie viele gibt es? Ö ________ ö ________

Brötchen Tomaten Körnerbrot
Milch Öl Äpfel Eier

2 a Schau dir die Bilder an.

b Schreibe unter jedes Bild die richtigen Wörter.

das Brötchen das Ei das Salz das Öl das Körnerbrot
die Wurst das Hörnchen der Käse die Marmelade

das Ei

____

____

____

____

____

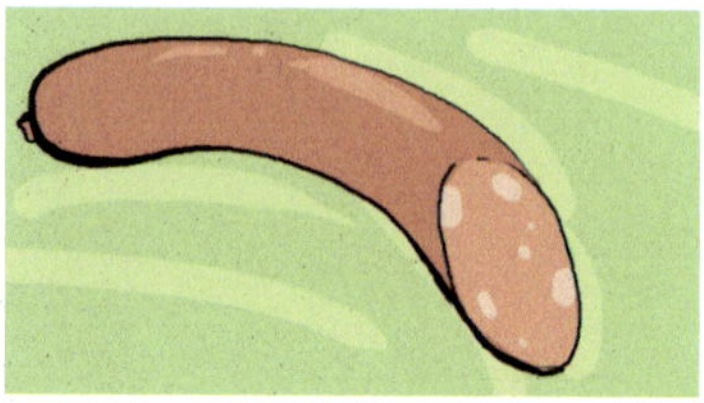
____

____

____

3 Was esst ihr zum Frühstück? Sprecht darüber.

Ich esse Brötchen mit Marmelade.

1 Was passt? Ergänze.

Brötchen Öl öffnen

Ö ______ ö ______ ______ ö ______

2 Male den Buchstaben aus.

Ö Ö ö ö Ö ö Ö ö

3 Schreibe *Ö* und *ö*.

Ö

ö

4 Markiere *Ö* oder *ö*.

Körper öffnen Öl benötigen Brötchen Österreich hören

5 Finde die Wörter und schreibe sie auf. Achte auf die Groß- und Kleinschreibung!

ÖFF	REICH
KÖR	NEN
BRÖT	PER
ÖSTER	CHEN

öffnen

 KB ▶ S. 148–149

V, v Rundum gut versorgt – Nahrungsmittelbestandteile

1 a Lies den Text.

b Markiere *V* und *v*.

c Wie viele gibt es? V ________ v ________

Bestandteile von Nahrungsmitteln

Auf Verpackungen von Nahrungsmitteln stehen Angaben über ihre Zusammensetzung. Begriffe wie Fett, Eiweiß, Kohlenhydrate und Vitamine sind dort zu lesen. Fett, Eiweiß und Kohlenhydrate sind Nährstoffe. Weitere wichtige Nahrungsbestandteile sind die Vitamine.
Alle Nährstoffe geben dem Körper Energie, aber sie werden von unserem Körper unterschiedlich verarbeitet.

2 a Schau dir die Tabelle an.

Getreideprodukte		Fleisch/Fisch		Milch/Ei	
Brötchen	974	Hähnchen	726	Vollmilch	267
Cornflakes	1490	Rinderfilet	428	Joghurt	245
Spaghetti	1513	Bockwurst	1159	Goudakäse	1253
Vollkornbrot	965	Lachs	845	Ei	667
Obst/Gemüse		**Süßigkeiten**		**Getränke**	
Apfel	220	Schokolade	2200	Cola	237
Banane	392	Marzipan	1895	Limonade	206
Kartoffeln	292	Bonbons	1623	Apfelsaft	206
Blumenkohl	92	Weingummi	1377	Wasser	0

Energiegehalt verschiedener Lebensmittel (in kJ pro 100 g)

b Wie hoch ist der Energiegehalt einer Tafel Schokolade? Schreibe die Zahl auf.

____

2 Vergleicht den Energiegehalt verschiedener Lebensmittel. Sprecht darüber.

Brötchen enthalten weniger Energie als Cornflakes.

1 Was passt? Ergänze.

Vogel   Vase   verliebt

V ________   V ________   v ________

2 Male den Buchstaben aus.

V V v v V v V v

3 Schreibe *V* und *v*.

V

v

4 Markiere *V* oder *v*.

Verpackung   verlieben   Vitamine   Vogel   verarbeiten

Vase   viel   Vorname   verstehen

5 Ergänze die fehlenden Buchstaben.

Vase   _iel   _erp_ckung

_erarbeiten   _erlieben   _oge_

_itamine   _o_name   _erstehen

 KB ▶ S. 150–151

X, x Wie viel Energie brauchen wir? – Energieumsatz

1 a Lies den Dialog.

b Markiere *X* und x.

c Wie viele gibt es? X ________ x ________

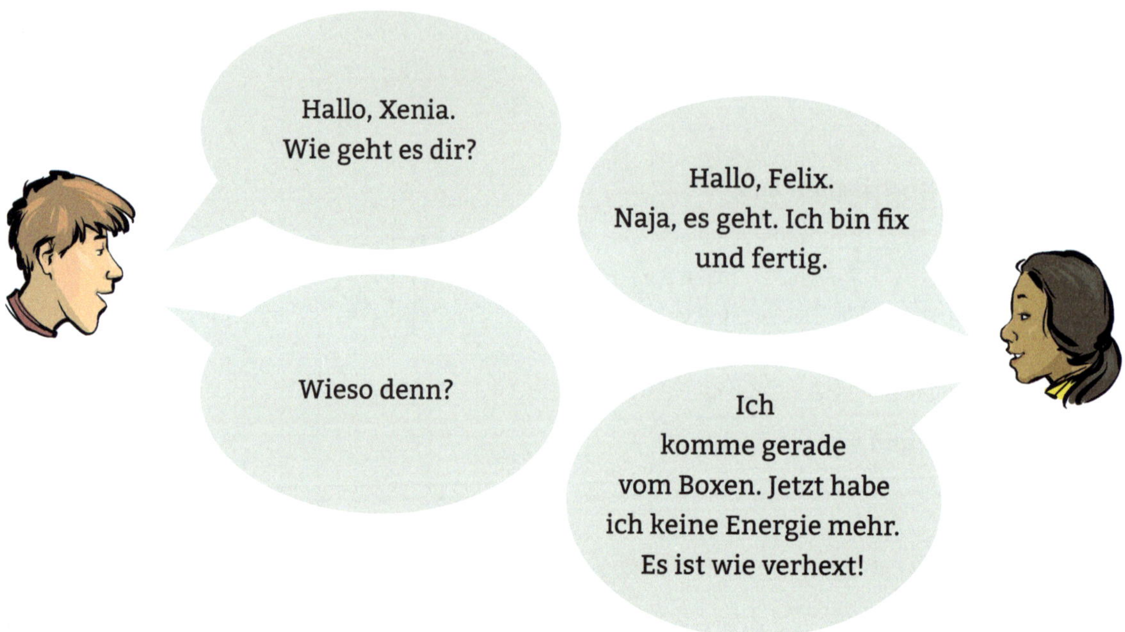

2 a Schau dir die Bilder an.

b Schreibe unter jedes Bild die richtigen Wörter.

das Xylophon	das Taxi	die Axt
der Mixer	der Textmarker	der Boxer

das Taxi

____

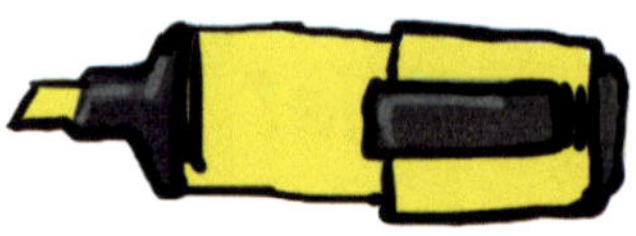

____

____

____

____

1 Was passt? Ergänze.

Taxi Xylophon boxen

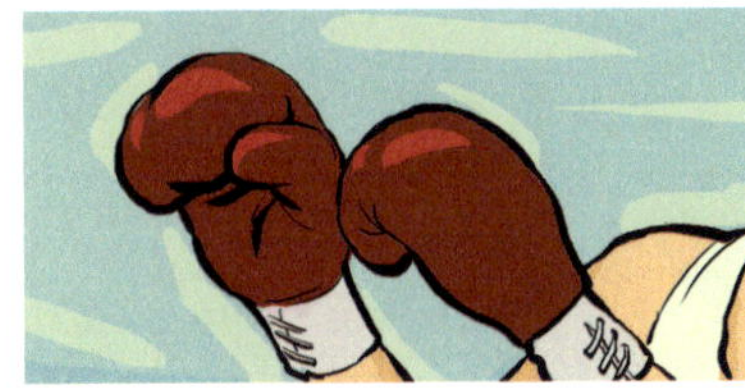

_____ x _________ X _______________ _____ x _________

2 Male den Buchstaben aus.

X X x x X x X x

3 Schreibe *X* und *x*.

1. 2. X

1. 2. x

4 Markiere *X* oder *x*.

Xylophon Xenia boxen Taxifahrer Mixer Text Mexiko

5 Finde die Wörter und schreibe sie auf. Achte auf die Groß- und Kleinschreibung!

TAXI	PHON
MEXI	FAHRER
XYLO	MARKER
TEXT	KO

Taxifahrer

KB ▸ S. 154–155

Z, z Rezepte aus aller Welt

1 a Lies die Rezepte.

b Markiere *Z* und *z*.

c Wie viele gibt es? Z ________ z ________

Rezept „Arme Ritter"

Ihr braucht für vier Personen:
8 Scheiben altes Weißbrot
oder 4 Brötchen
1/2 Liter Milch
2 Eier
1 Prise Salz
Paniermehl, Backfett

Zubereitung:
Milch, Eier und Salz verquirlen, über die Brotscheiben gießen und diese einmal umdrehen.
Wenn die Flüssigkeit aufgesogen ist, die Scheiben in Paniermehl wenden und in einer Pfanne mit Backfett goldbraun braten. Zucker und Zimt oder Kompott darübergeben.

Rezept „Ananas-Milch"

ca. 1/4 l Zitronensaft
3/4 l Ananassaft
2 1/2 l Buttermilch
3/8 kg Zucker

2 a Schau dir die Bilder an.

b Schreibe unter jedes Bild die richtigen Wörter.

die Pizza die Zwiebel die Zeichnung

________ ________ ________

1 Was passt? Ergänze.

Zitrone Zeitung zeigen

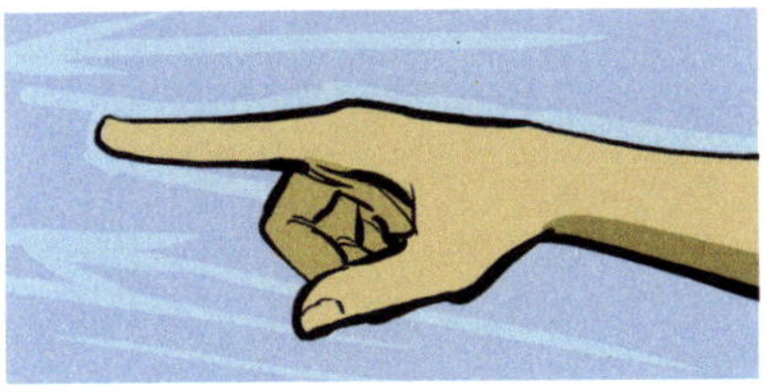

z ______________ Z ______________ Z ______________

2 Male den Buchstaben aus.

Z Z z z Z z Z z

3 Schreibe *Z* und *z*.

Z

z

4 Markiere *Z* oder *z*.

Zucker Rezept zeigen Zitrone

Zeitung März zählen Katze

Ziel zeichnen Zwiebel Pizza

5 Ergänze die fehlenden Buchstaben.

Zubereitung _iel _eichnen

itron _eitung _ählen

ucke Re_ept Pi__a

KB ▸ S. 160–163

B, b

7 Gesellschaftliches Zusammenleben

Rechte und Pflichten zu Hause

1 a Lies die Sätze.

b Markiere *B* und *b*.

c Wie viele gibt es? B ________ b ________

Mein Bruder muss den Müll runterbringen.
Mein Vater muss die Wäsche bügeln.
Meine Mutter muss das Abendessen kochen.
Meine Schwester muss Lebensmittel einkaufen.
Und ich muss das Frühstück vorbereiten.

2 a Schau dir die Bilder an.

b Schreibe unter jedes Bild die richtige Tätigkeit.

das Abendessen kochen	die Wäsche bügeln	das Frühstück vorbereiten
das Geschirr abspülen	den Müll runterbringen	Lebensmittel einkaufen

das Frühstück vorbereiten

L ________

die W ________

das ________

das G ________

____

3 Und bei dir zu Hause? Wer macht was? Sprecht darüber.

Mein Bruder muss das Geschirr abspülen.
Ich muss …

1 **Was passt? Ergänze.**

bügeln Banane Brücke

B ____________ B ____________ b ____________

2 **Male den Buchstaben aus.**

3 **Schreibe *B* und *b*.**

4 **Markiere *B* oder *b*.**

Bad bügeln Abendessen Bruder

leben Aufgabe

abspülen runterbringen Lebensmittel

5 **Ergänze die fehlenden Buchstaben.**

vor b er e i ten _ruder Le_ens_ittel

_anane Br_tchen A_end_ss_n

a_sp_len b_geln r_nter_ringen

KB ▸ S. 160–163

P, p

Rechte und Pflichten zu Hause

1 a Lies die Wortgruppen im Kasten.

b Markiere *P* und *p*.

c Wie viele gibt es? P ________ p ________

die Lampe reparieren die Treppe fegen das Geschirr spülen
das Bad putzen einen Aufgabenplan erstellen das Altpapier wegbringen

2 Was muss jeder machen? Schreibe auf.

Tipp:
Nutze dazu die Bilder und die Wortgruppen aus Aufgabe 1.

Pawel muss das Geschirr spülen.

Pia muss ________________

____

____

____

____

1 Was passt? Ergänze.

Pizza putzen Papaya

P ______ P ______ p ______

2 Male den Buchstaben aus.

P P p p P p P p

3 Schreibe *P* und *p*.

1. P 2.

1. p 2.

4 Markiere *P* oder *p*.

spülen reparieren putzen Altpapier Programm Plan

5 Finde die Wörter und schreibe sie auf. Achte auf die Groß- und Kleinschreibung!

REPA	PAPIER
PRO	DOSE
SPRAY	RIEREN
ALT	GRAMM

reparieren

KB ▸ S. 164–165

ß Ich engagiere mich

1 a Lies die Texte.

b Markiere ß.

c Wie viele gibt es? ß ________

____

Wir laden Sie herzlich zu unserem Schach-Tag ein! Spielen Sie mit anderen Mitgliedern unserer Gemeinde mit viel Spaß jeweils dreißig Minuten Schach und beweisen Sie, dass Sie unser Schachmeister sind!

____

Am Sonntag findet wieder unser jährliches Straßenfest statt. Von 10 bis 20 Uhr können Sie auf unserer Straße unser leckeres Essen genießen: von heißen Fleischspießen mit Klößchen bis hin zu internationalen Süßspeisen. Guten Appetit!

____

Nächstes Wochenende findet unser städtisches Fußballturnier statt. Unsere Kleinen von 8 – 12 Jahren, die das ganze Jahr fleißig trainiert haben, können den ganzen Tag draußen Fußball spielen.

2 Welche Überschrift passt? Schreibe die passenden Überschriften auf die Linien bei Aufgabe 1.

Straßenfest Fußballturnier Schach-Tag

3 a In der Wortschlange sind 6 Wörter versteckt. Welche? Markiere sie.

abstraßenfestaudraußenwespaßdaheißbsfußballjfarhdreißigbaqui

b Schreibe die Wörter auf. Achte auf die Groß- und Kleinschreibung!

Straßenfest ________________ ________________

________________ ________________

________________ ________________

1 **Was passt? Ergänze.**

Fuß dreißig Straße

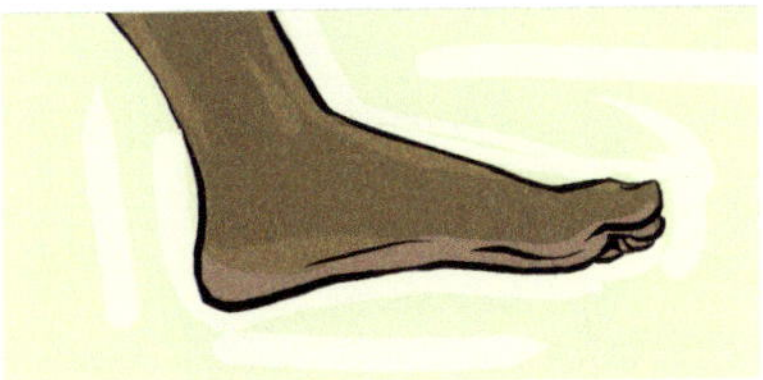

__ß______ ____ß______ ____ß______

2 **Male den Buchstaben aus.**

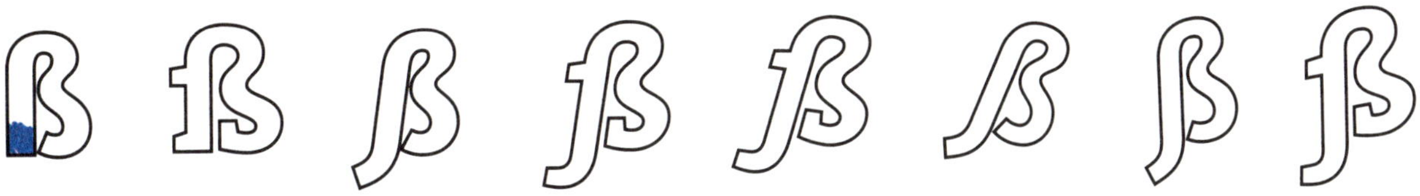

3 **Schreibe *ß*.**

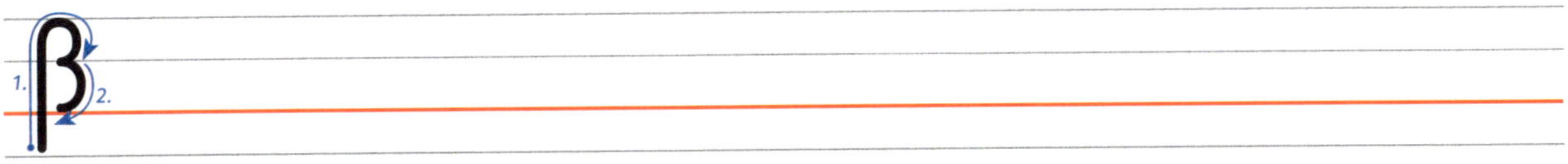

4 **Markiere *ß*.**

Straßenfest heiß Spaß Fleischspieße groß dreißig genießen Fußball fleißig Süßspeisen draußen

5 **Ergänze die fehlenden Buchstaben.**

Straßenfest	Fu_b_ll	drei_ig
S_ßspeis_	f_eiß_g	Sp_ß
g_nieß_n	_eiß	Str_ße

KB ▶ S. 166–169

J, j Jugendschutzgesetz

1 a **Lies den Text.**

b **Markiere *J* und *j*.**

c **Wie viele gibt es?** J ________ j ________

Jugendschutzgesetz

In Deutschland dürfen Kinder und Jugendliche nicht alles tun, was Erwachsene tun dürfen. Das Jugendschutzgesetz regelt, was Kinder und Jugendliche tun dürfen und was für sie verboten ist. Das Gesetz sagt: Wenn du jünger als 14 Jahre bist, bist du ein Kind. Wenn du zwischen 14 und 18 Jahre alt bist, bist du ein Jugendlicher oder eine Jugendliche. Ab 18 Jahren bist du volljährig.

2 **Was passt? Lies den Text und ergänze.**

	Wie alt ist er/sie?	Kind/Jugendliche(r)/volljährig?
Jonas (21)	Jonas ist einundzwanzig Jahre alt.	Er ist volljährig.
Katja (7)	Katja ist	Sie ist ein Kind.
Maja (19)		
Jörg (17)		
Benjamin (12)		
Julia (15)		

Er / Sie ist…
… ein Kind.
… ein Jugendlicher / eine Jugendliche.
… volljährig.

1 Was passt? Ergänze.

jubeln Jacke Junge

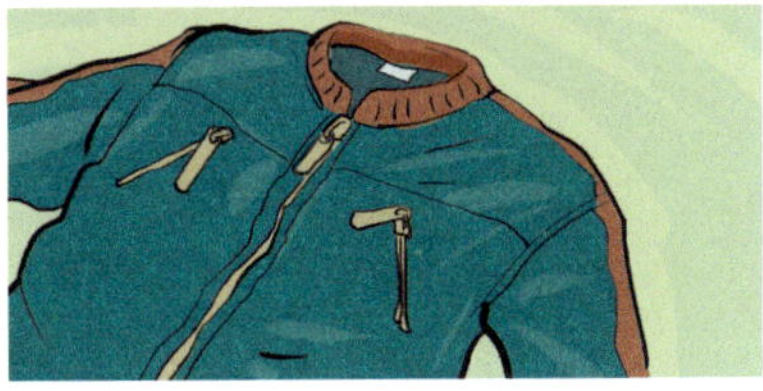

J______ J______ j______

2 Male den Buchstaben aus.

J J j j J j J j

3 Schreibe *J* und *j*.

J

j

4 Markiere *J* oder *j*.

Jahreszeit Katja volljährig Jugendliche Benjamin Soja

5 Finde die Wörter und schreibe sie auf. Achte auf die Groß- und Kleinschreibung!

JUGEND	JÄHRIG
VOLL	GESETZ
JAHRES	LICHE
JUGENDSCHUTZ	ZEIT

Jugendliche

Au, au

Mitbestimmung in der Gemeinde

1 a Lies die Wörter im Kasten.

b Markiere *Au* und *au*.

c Wie viele gibt es? Au ______ au ______

Raum raufen Aufsicht Baum
austoben laut draußen Zaun Traum

2 Welches Wort passt? Schreibe auf.

Raum

3 Was können Kinder auf dem Fußballplatz tun? Was dürfen sie nicht tun? Ordne die Wortgruppen zu.

laut feiern
raufen
sich austoben
ohne Aufsicht spielen
draußen Sport treiben
über den Zaun klettern

Auf dem Fußballplatz können Kinder …

raufen.

______

______

Auf dem Fußballplatz dürfen Kinder nicht …

______

______

______

1 Was passt? Ergänze.

ausmalen Auge Auto

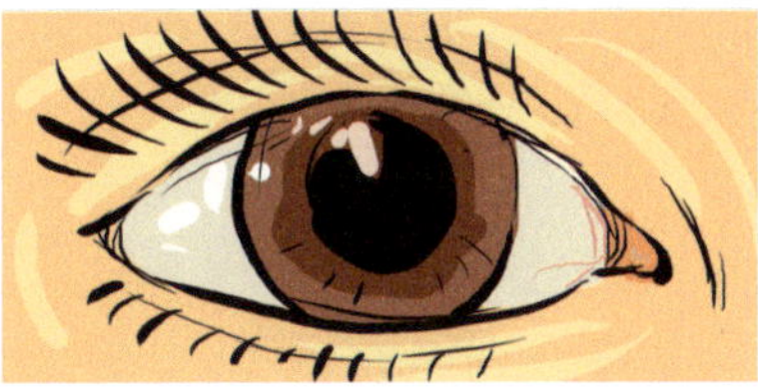

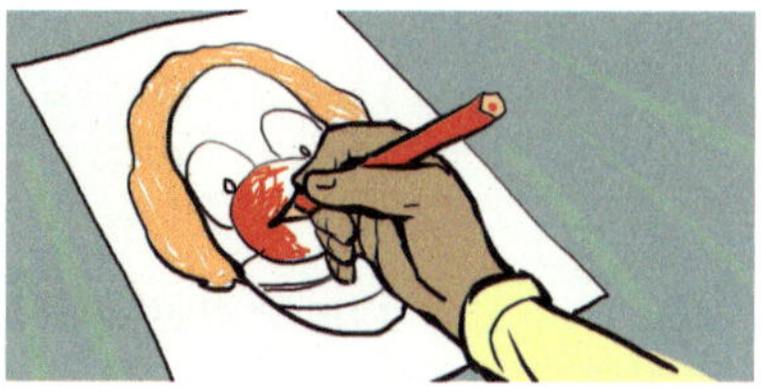

Au ____________ Au ____________ au ____________

2 Male die Buchstaben aus.

Au Au au au Au au

3 Schreibe *Au* und *au*.

Au

au

4 Markiere *Au* oder *au*.

Apfelbaum Aufsicht grau Pflaume austoben

Auto laut Raum raufen

Musikraum sauber ausmalen laufen

5 Ergänze die fehlenden Buchstaben.

B a u er sau _ er _ _ fsicht

H _ _ sauf _ abe _ _ gust _ aut

A _ _ elbaum gr _ _ Au _ e

KB ▸ S. 180–181

Eu, eu

Ein Klassenfest planen

1 a Lies die Wörter im Kasten.

b Markiere *Eu* und *eu*.

c Wie viele gibt es? Eu ______ eu ______

unfreundlich Freund Spielzeug Teebeutel teuer neu Leute

2 In den Wortschlangen sind 15 Wörter versteckt. Welche? Trenne ab.

GETRÄNKE | UNFREUNDLICHNICHTFREUNDWICHTIGSPIELZEUGFEST

TEEBEUTELMATERIALTEUEREINLADENREZEPTBEISPIELPUTZENLEUTE

b Schreibe die Wörter auf.

______ ______ ______

______ ______ ______

______ ______ ______

______ ______ ______

______ ______ ______

3 Was ist wichtig für ein Klassenfest? Was ist nicht wichtig? Ordne die Wortgruppen zu.

kalte Getränke
Freunde einladen
teure Musikanlage
unfreundliche Leute
Kinderspielzeug
Teebeutel für Tee

Wichtig für ein Klassenfest	Nicht wichtig für ein Klassenfest
kalte ______	______
______	______
______	______

1 Was passt? Ergänze.

Beule Eule Euro

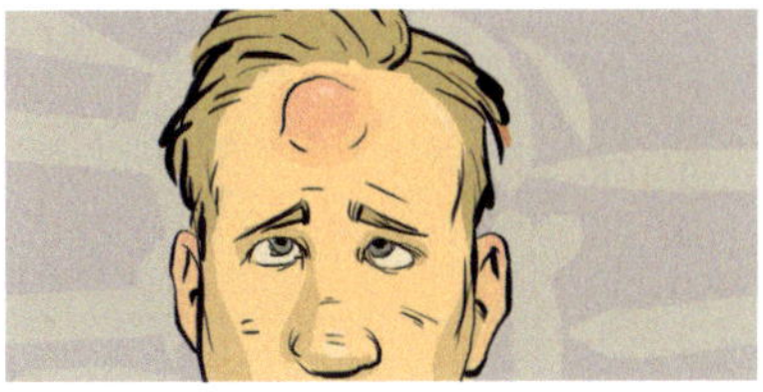

Eu ____________ Eu ____________ ____eu ________

2 Male die Buchstaben aus.

Eu Eu eu eu Eu eu

3 Schreibe *Eu* und *eu*.

Eu

eu

4 Markiere *Eu* oder *eu*.

Eule eure Spielzeug teuer freundlich heute Teebeutel neu

5 Finde die Wörter und schreibe sie auf. Achte auf die Groß- und Kleinschreibung!

SPIEL	LICH
FREUND	BEUTEL
TEE	TE
HEU	ZEUG

Spielzeug